Dieses Buch gehört:

*Eine Übersicht der Fischarten befindet sich auf der letzten Seite

Die Schonzeit
ist vorbei!

Male dich in
die Wathose
und rüste
dich mit einer
Angel und
einem Kescher
aus.

Auf geht's…

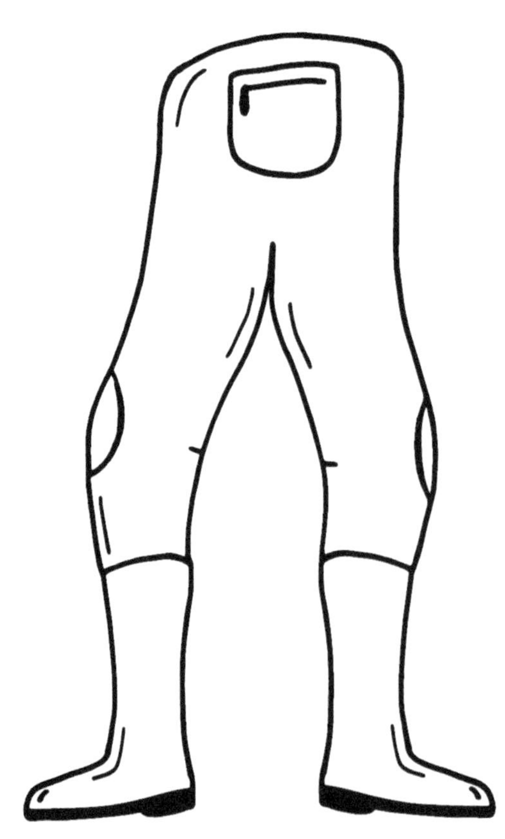

Male einen gelben Lichtstrahl,
um die Würmer in der Dunkelheit zu finden.

1

Hurra, die Angel biegt sich!
Male einen dicken Fisch an den Angelhaken.

2

3

Die Würmer versuchen zu entkommen!
Sei schnell und male einen geeigneten Gegenstand um die Dose.

4

5

6

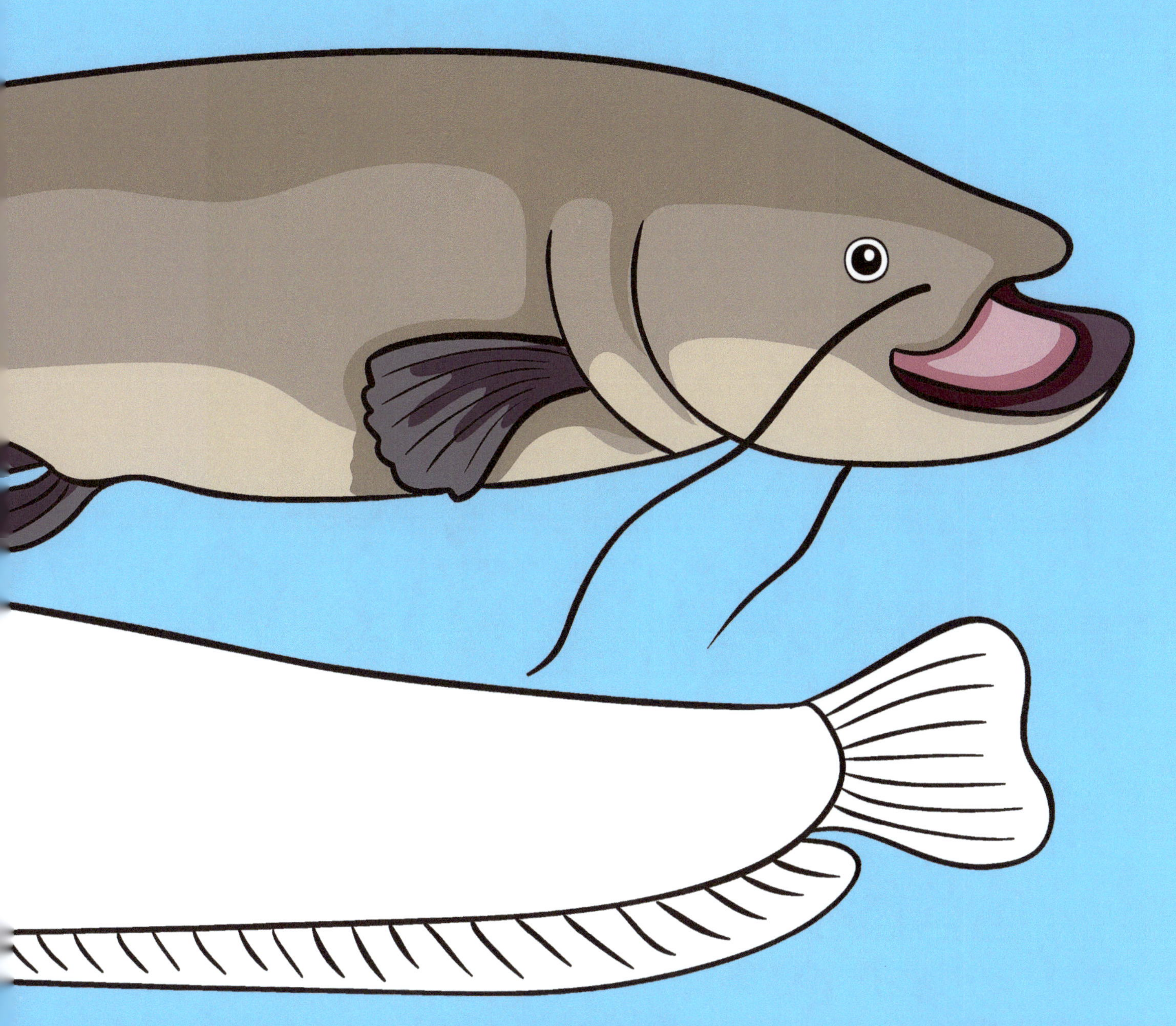

7

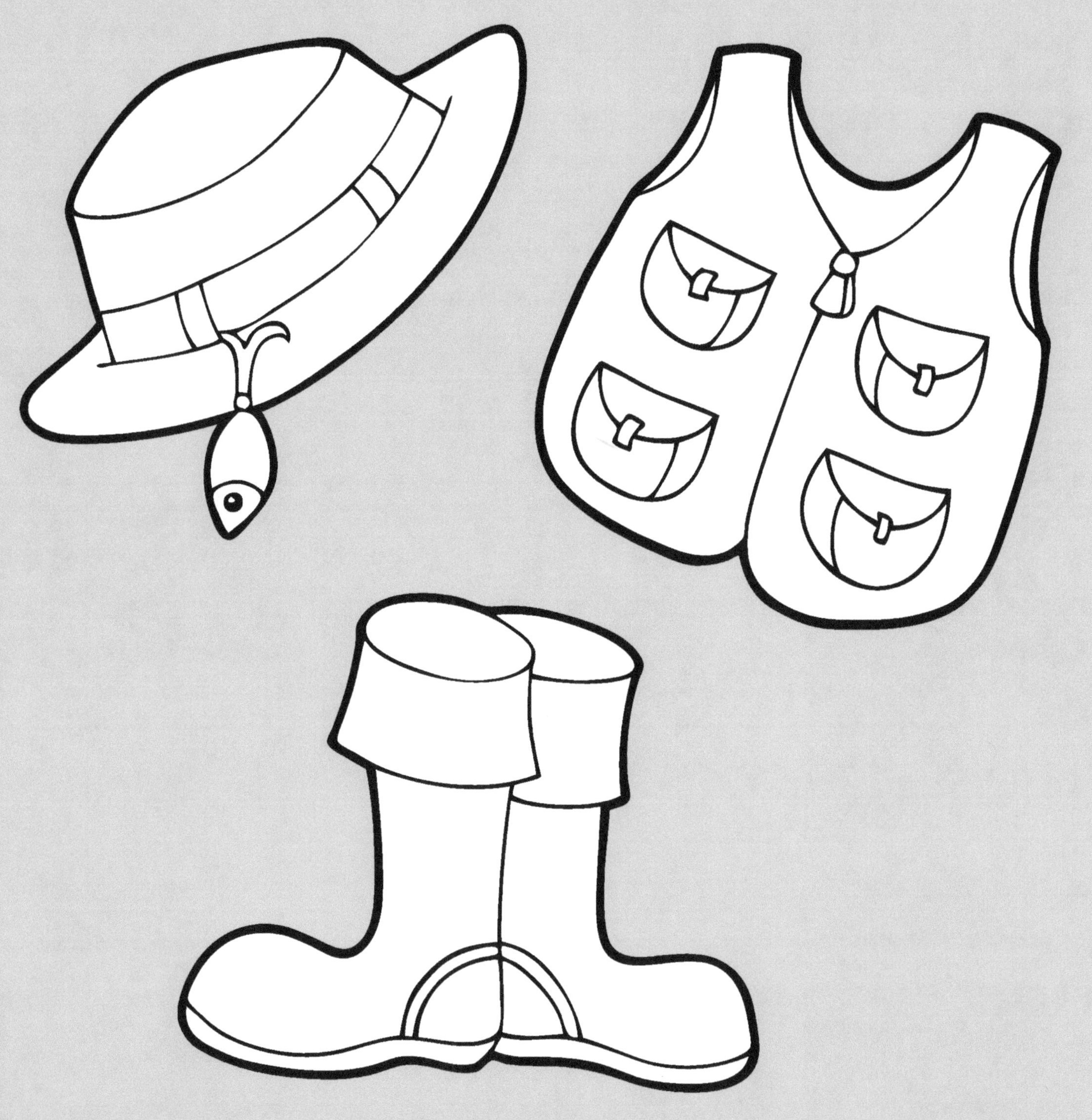

8

Moment, da fehlt doch was!
Beeile dich und male ein paar Angelhaken
an den Wobbler, bevor der Fisch zubeißt.

9

Übersicht Fischarten

1 - Karpfen
2 - Hecht
3 - Brachse
4 - Flussbarsch
5 - Rotauge

6 - Europäischer Wels
7 - Lachs
8 - Kaulbarsch
9 - Giebel

Alle weiteren Fische sind der Phantasie entsprungen, somit sind der eigenen Kreativität beim Ausmalen keine Grenzen gesetzt :-)

Ich hoffe dieses Ausmalbuch hat Ihrem Kind viel Freude bereitet.

Mein Ziel ist es, bereits den ganz Kleinen das Angeln näher zu bringen und sie somit für dieses tolle Hobby zu begeistern.

Bei diesem Vorhaben würden Sie mich mit einer positiven Bewertung dieses Buches sehr unterstützen!

Vielen Dank und Petri Heil.